Voir Microfiche
même cote
p 92/777

RÉCIT HISTORIQUE

ET COMPLET

DES

DÉSASTRES

ARRIVÉS

SUR LE CHEMIN DE FER DE VERSAILLES

LE 8 MAI 1842,

PAR UN TÉMOIN OCULAIRE

PARIS.

FRANCE THIBAUT, LIBRAIRE-ÉDITEUR,

QUAI MALAQUAIS, 19.

1842

RÉCIT

HISTORIQUE ET COMPLET

DES

DÉSASTRES

ARRIVÉS SUR LE CHEMIN DE FER DE VERSAILLES,

LE 8 MAI 1842.

C'était le 8 mai 1842, jour à jamais néfaste dans les annales de l'humanité. Dès la veille, des parties de plaisir s'étaient organisées dans toutes les familles qui, le dimanche, quittent Paris pour chercher hors des barrières des délassements aux fatigues de la semaine ; heureux ceux qui ont choisi pour but de leur promenade les allées tranquilles de Vincennes, de Romainville et de Boulogne ! Mais les grandes eaux de Versailles devaient jouer à l'occasion de la fête du roi, une nouvelle galerie de tableaux venait d'être ouverte au musée de Versailles ; c'était donc vers ce point que la plus grande affluence s'était portée. Dès le matin, il y avait une queue de trois mille personnes à chacun des embarcadères des chemins de fer, et les nombreux wagons de chaque convoi ne suffisaient pas à engloutir cette foule impatiente et avide de plaisirs. Toutes les demi-heures les débarcadères de Versailles jetaient dans la ville plusieurs centaines de personnes, Parisiens, provinciaux, étrangers, vieux, jeunes, enfants, hommes et femmes, des artisans et des dandys, des ouvrières et des fashionables. A trois heures après midi, le parc immense de Versailles était com-

1842

ble de curieux, admirant les eaux merveilleuses de ce féerique jardin, après avoir contemplé ces tableaux bons et mauvais qui tapissent les vingt salles du château. A voir cette foule folâtre et rieuse qui paillettait les belles pelouses du parc, qui se répandait, joyeuse et contente, dans les allées, dans les charmilles, que l'on rencontrait partout, on eût deviné avec peine cette scène de mort et de deuil qui devait couronner cette fête. Le temps était magnifique, comme pour faire contraste à l'immense catastrophe qui devait changer la joie en larmes.

La France entière était représentée aux fêtes de Versailles, et la France entière a fourni des victimes au désastre de la soirée : Paris, Rouen, Lyon, Bordeaux, Marseille, Toulon, et tant d'autres villes, ont eu quelqu'un de leurs enfants à pleurer, et dans le nombre des victimes nous voyons des hommes célèbres à côté d'hommes ignorés et inconnus, comme pour nous prouver une fois encore la vanité des titres et de l'intelligence devant la mort.

A quatre heures, les convois de Versailles s'emplissaient déjà de voyageurs ; après une journée de fête, il y avait encore une soirée de jouissances à Paris. Il fallait ramener en peu d'heures ces cinquante mille personnes qui étaient venues à Versailles ; on rapprocha les intervalles des convois, on ajouta de nouvelles voitures à la file des wagons ; puis, pour traîner cette masse, il fallut doubler de force et doubler de vitesse, pour atteindre plus tôt le but. Voilà la double cause des malheurs que nous déplorons et que nous avons la tâche pénible de raconter.

A cinq heures et demie, la salle d'attente de l'embarcadère du chemin de fer (rive gauche) était comble ; les portes s'ouvrent enfin, la foule se presse, les issues sont trop étroites à son gré ; elle se dirige au pas de course vers les wagons, vers les diligences, et s'y entasse pêle-mêle, avec quelque confusion, dedans, dessus, partout ; chaque wagon reçoit quarante personnes, et il y en avait dix-huit. En une minute les sept cents voyageurs descendus du salon avaient disparu dans ces voitures. Le *Matthieu Muray*, petite locomotive à quatre roues, était insuffisante pour traîner à sa remorque une masse de quatre-vingt mille kilogrammes ; on y en ajouta une autre à six roues, d'une force plus puissante ; le grand remorqueur fut placé derrière le petit, circonstance qui a peut-être concouru à aggraver les malheurs de cette journée.

On voyait sur le *Matthieu Muray* le mécanicien Georges, homme de tête et d'expérience, qui depuis son jeune âge conduisait des machines à vapeur et avait formé tous les mécaniciens employés aux chemins de fer de Paris ; M. Milhau, inspecteur, était sur la deuxième locomotive. La présence de ces deux employés aurait dû bannir toute crainte, si l'on en avait éprouvé ; mais les conversations joyeuses, les éclats de rire qui partaient des wagons, montraient assez qu'aucune préoccupation n'attristait les voyageurs. Les chauffeurs, en courant à leurs postes, avaient dit : le foyer est ardent, la vapeur abondante, nous marcherons vite, et ceux qui les avaient entendus se félicitaient déjà de faire une course très-rapide, et de retrouver en quelques minutes les plaisirs de la capitale.

Cependant, les remorqueurs, semblables aux dragons de la fable, jetaient du feu par leurs narines, et des vapeurs brûlantes par la gueule ; impatients, ils frémissaient et semblaient exercer leurs forces, lorsqu'un sifflement aigu annonça le signal du départ. Toutes les portières avaient été fermées à clef, les employés avaient pris leurs places ; on partit ; cette file de vingt énormes machines s'ébranla, et suivant la direction de la première locomotive, les quarante roues tournaient sur les rails avec une vitesse et une légèreté qui faisaient oublier le poids énorme de quatre-vingt mille kilogrammes. Le convoi était ainsi distribué : une locomotive à quatre roues, une à six roues, deux wagons, trois diligences, treize wagons de deuxième classe.

En ce moment, les conversations et les réflexions allaient leur train ; ici, un père caressait ses filles, et leur promettait des plaisirs nouveaux à l'Opéra ; là, deux époux de la veille devisaient sur les jouissances que l'avenir leur préparait ; de ce côté, une jeune et belle femme songeait aux douces flatteries de ses adorateurs ; le présent et l'avenir s'offraient sous les plus brillantes couleurs, lorsqu'un long frémissement glaça d'effroi tous les cœurs. On allait vite, et des prophètes de malheur qui avaient vu passer le convoi près de Bellevue à cinq heures quarante minutes avaient déjà prédit qu'un accident était imminent, car la première machine avait un vacillement qui n'était pas naturel, et le convoi allait avec une violence extrême, stimulée par le conducteur de la seconde locomotive ; d'autres prévirent ce qui allait arriver en voyant la vitesse de la marche et l'air préoccupé et inquiet du mécanicien Georges. En effet, la tête du convoi était à peine parvenue au coin de la route pavée, dite chemin des Gardes, près l'avenue de Meudon, qui va des Moulineaux à Bellevue, que le *Mathieu Muray* eut son axe cassé ; M. Milhau s'en aperçut le premier ; il se hâta d'en prévenir Georges par un coup de sifflet ; celui-ci, tout en serrant le frein, retournait la tête pour voir quel était le motif de ce signal ; mais déjà la première locomotive allait en dérive ; deux de ses roues s'étant détachées de l'essieu brisé, elle heurta le sol de sa partie antérieure, et parcourut ainsi un espace de 25 mètres dans la voie. Ce fut sur toute la ligne un épouvantable cri de lamentation quand la secousse se fit sentir ; des habitations éloignées de dix minutes du chemin de fer, on entendait les cris des voyageurs. Le bruit qui précéda l'accident ne fut pas celui de la détonation que fait une chaudière en éclatant, et cependant la guérite du garde, qui se trouvait là, fut enfoncée comme par l'effet d'une explosion.

Dès que la première locomotive fut arrêtée, la seconde qui avait toute sa force d'impulsion, la prit en flanc et s'éleva sur elle ; elles étaient l'une sur l'autre en arc-boutant ; leurs *tenders* avaient pirouetté et se trouvaient du côté opposé. De ce choc effroyable, il résulta que les charbons embrasés mirent le feu aux planches qui servent de cadre aux locomotives, lesquelles s'embrasèrent avec rapidité, et il se forma sur ce point un violent foyer d'incendie, alimenté par la graisse servant aux machines, et le coke porté par les *tenders*.

Les wagons attachés à la seconde locomotive, poussés par leur propre impulsion, vinrent se briser contre les remorqueurs et se jeter dans le foyer de l'incendie ; le premier prit feu avec une violence telle qu'en un instant tous les voyageurs qu'il renfermait furent brûlés, peu d'entr'eux ont pu se sauver ; le deuxième et le troisième furent aussi atteints par le feu ; ils étaient nouvellement vernis, et offraient ainsi une attraction plus forte pour les flammes ; le choc avait d'ailleurs blessé grièvement un grand nombre de personnes qui ne purent échapper à la mort ; la quatrième voiture formait un angle qui l'éloigna un instant du feu, mais la cinquième donna en plein dans le foyer.

On peut s'imaginer ce que tout cette première partie du drame eut de déchirant ; les cris et les gémissements des blessés et des mourants, le bruit de la vapeur, celui de l'incendie, tout contribuait à rendre plus affreuse cette scène de destruction. De temps à autre, un voyageur parvenait à sortir de la fournaise, mais fracturé, brûlé, horrible à voir et à entendre, car il voyait se consumer les objets de son affection sans pouvoir les sauver ; un malheureux voyageur, échappé par miracle au désastre, a dû assister à la mort de sa femme et de ses deux filles, dont il entendait les cris. La douleur de ce père a été pour les spectateurs un des plus terribles épisodes de cet événement.

Dans l'impossibilité où nous sommes de grouper tous les incidents affreux de cette scène de mort, nous allons les rapporter isolément ; le lecteur pourra s'imaginer l'ensemble de ce sombre tableau.

Un vieux militaire, sorti vivant de la fournaise qui servait de tombeau à tant de victimes, avait un bras cassé, une profonde blessure au côté droit et la figure ensanglantée. Les premières personnes accourues des derniers wagons s'empressaient autour de lui pour le secourir. « Il » ne s'agit pas de moi, s'écriait-il d'une voix tonnante; » vous voyez bien que je n'ai rien, que je ne souffre pas; » sauvez mon fils, sauvez mon frère, ils sont là. » Et son bras mutilé montrait encore les wagons enflammés.

Une jeune femme, retirée vivante des flammes, demandait son mari. « Il est là, disait-elle, sauvez-le; vous le » reconnaîtrez à sa décoration. » Et elle indiquait son costume, la couleur de son habit. Son mari brûlé était à ses pieds, elle ne le voyait pas, et un spectateur étendit sur lui son mouchoir pour le dérober aux regards de cette malheureuse femme.

Près de là, un mari était assez heureux pour échapper aux flammes, après avoir jeté sa femme par la portière, et un Prussien d'une force extraordinaire se sauvait avec sa femme en brisant une autre portière.

Une malheureuse femme, dont on voyait le buste audessus d'un wagon, déjà atteint par les flammes, criait au secours : « Sauvez-moi, sauvez-moi; ô mon Dieu! je » suis riche, sauvez-moi, je donnerai tout ce qu'on vou-» dra. » Ses cris et ses gémissements attirèrent vers elle quelques jeunes gens qui venaient d'échapper au désastre et qui essayèrent vainement de l'enlever à la voracité du feu. Efforts inutiles! elle était prise par les jambes, et il fallut encore abandonner cette proie aux flammes. Elle perdit alors toute espérance, joignit les mains avec résignation, se couvrit les yeux et disparut bientôt dans le foyer de l'incendie. Sa robe claire et son écharpe noire serrées sur elle prirent feu assez lentement; une flamme plus ardente fit disparaître son voile qui flottait au vent, et dévora enfin son chapeau de paille, et tout fut fini.

Une femme échappe à la mort comme par miracle, mais elle voit périr sa mère et ses deux filles. Une autre retire son enfant des décombres enflammés, mais la malheureuse petite créature n'a plus de tête!

Un vieux militaire décoré, qui était dans une des voitures avec son fils, parvint à s'échapper du wagon enflammé ; il appelle son fils, et ne recevant pas de réponse, il s'élance, désespéré, vers le wagon où il croyait que ce jeune homme était resté. Cette fois, le feu l'atteint et l'asphyxie. Au moment où il tombe, c'est son fils qui l'appelle à son tour. Son fils était sain et sauf ; le père, victime d'une erreur funeste, ne l'avait pas vu sortir du wagon après lui.

Une malheureuse femme tenait dans ses bras une jeune fille de dix ans, qu'elle demandait à grands cris qu'on sauvât. Un homme arrivé sur le lieu de la catastrophe, le nommé Gaumont, fit d'inutiles efforts ; il s'élança trois fois vers cette femme sans pouvoir l'atteindre, et vit diparaître dans les flammes ces deux victimes qu'aucune puissance humaine ne pouvait enlever à la mort.

Une jeune personne faisait les plus grands efforts pour sortir d'un wagon. Un de ceux qui travaillaient au sauvetage dans ce torrent de feu, se jeta à travers la flamme et parvint à la saisir par le milieu du corps ; elle allait être délivrée sans doute, lorsque les personnes enfermées avec elle, espérant s'échapper à la suite, se cramponnèrent à ses jambes, comme les malheureux qui se noient. Cet incident rendit inutile le dévouement de celui qui voulait la sauver et qui eût été englouti lui-même si un de ses amis ne l'eût tiré violemment. Cette jeune personne retomba dans l'intérieur et fut consumée avec dix voyageurs, dont six appartenaient à la même famille.

Une mère avait un jeune enfant dans les bras ; on lui jeta une corde pour l'enlever, mais son enfant venait d'échapper à ses étreintes ; elle refusa de se séparer de lui, et en un clin d'œil ils ont tous les deux disparu au milieu d'un nuage de fumée noire.

Un homme et une femme, qui se trouvaient dans un des premiers wagons, sont parvenus à s'échapper sans avoir trop souffert, et sans savoir surtout comment ils s'étaient sauvés d'un tel danger. Mais lorsqu'ils ont pu se reconnaître, le père s'est aperçu, avec un sentiment d'horreur, qu'il tenait dans ses mains les deux bras de son enfant, qu'il avait essayé de sauver sans doute, et qui aura été broyé par la violence du choc.

Un mari veut sauver sa femme déjà sans mouvement ; il l'atteint par le bout de son gant, qui cède et qui entraîne toute la peau de la main et les bagues passées aux doigts. Un autre voyageur, qui vient de sauver son épouse, se porte vers le wagon où se trouvait une jeune personne à lui recommandée ; mais le pied lui manque, et il tombe au milieu des flammes ; c'est en vain que sa femme les attend tous deux. Une dame brise la glace d'une diligence et est assez heureuse pour se voir enlevée et sauvée sur les épaules de M. Lagrange, de Bellevue.

Que s'est-il passé au centre même du foyer de l'incendie, c'est ce que personne ne peut dire ; le feu a dévoré toutes ses victimes, et déjà peut-être le choc et la vapeur les avaient asphyxiées. Qu'on se figure tout ce qu'il a dû y avoir d'angoisses pendant un quart d'heure dans ces prisons brûlant, où des familles entières ont péri torturées. Les malheureux voyageurs, ceux du moins qui n'avaient pas été foudroyés par le choc, auraient pu encore s'échapper en partie si les portes avaient pu s'ouvrir ; mais les portes étaient fermées à clef, et il leur a fallu mourir dans la fournaise !

« Les malheureux voyageurs, dit dans une lettre M. le maire de Meudon, étourdis d'abord par ce choc violent, s'efforcent de fuir de leur prison brûlante ; mais une précaution maudite a fait fermer les portières à clef. Ce fut un spectacle déchirant pour ceux accourus au bruit de ce sinistre, que de voir tous ces infortunés qui se pressaient aux portières en poussant des cris de désespoir, et de ne pouvoir leur porter secours. Enfin le feu, après avoir consumé les deux premiers wagons, s'est arrêté dans sa course, et les voyageurs des voitures subséquentes ont pu s'échapper. Mais quel horrible spectacle lorsque les panneaux consumés des premières voitures ont laissé voir les résultats de l'incendie! Des corps mutilés et encore palpitants, des troncs sans membres et des membres charbonnés..... »

« Je venais de tourner la tête, a écrit un des voyageurs, quand je ressentis une violente secousse; deux autres suivirent, puis tout s'arrêta. Alors, à un morne silence succédèrent bientôt des cris épouvantables. Cependant, je croyais le péril passé puisque rien ne remuait plus. Mais ce fut lorsque après beaucoup de peine je parvins à sortir en escaladant le haut de la portière, que je fus saisi d'horreur. Les locomotives, le chariot de charbon et les quatre ou cinq premiers wagons formaient un immense monceau de décombres sous lequel étaient ensevelis plus de cent voyageurs. Quelques-uns parvenaient à se dégager, et couverts de sang ou défigurés par l'eau bouillante, erraient çà et là en proie à d'horribles souffrances. Mais bientôt ce fut encore un plus affreux spectacle : cette espèce de montagne était devenue une fournaise ; le charbon enflammé des fourneaux, recouvert par d'autre charbon et excité par un vent violent, avait communiqué le feu à la masse des voitures renversées dans lesquelles brûlaient les voyageurs. »

Ce sont les deux premiers wagons qui ont été d'abord brûlés avec un horrible fracas. En moins de trois quarts d'heure ils étaient réduits en cendres ; les trois autres ont brûlé plus lentement. Là s'offrait un spectacle affreux ; sur les rails, au milieu de la voie, des monceaux de cadavres calcinés, entièrement défigurés, la tête séparée du tronc, les jambes coupées, les bras épars. Sur les terres de chaque côté du chemin, on voyait étendus les blessés, dont plusieurs étaient à demi brûlés ; on entendait les cris déchirants de ceux qui étaient grièvement blessés.

Nous arrivons maintenant à une deuxième série de faits, à la seconde partie du drame lugubre que nous racontons. Ici, le cœur est moins gros d'émotions, car les désastres ne sont pas si grands et ne sont pas tous irréparables.

Au moment où les cinq premières voitures se brisaient

où se livraient aux flammes, les treize autres éprouvaient
une commotion qui glaça d'effroi tous les voyageurs ; une
panique générale s'empara d'eux ; les personnes placées sur
les banquettes se précipitaient dans le chemin ; celles qui
occupaient l'intérieur essayaient en même temps de sortir
par les portières, qu'elles ne pouvaient ouvrir. Les voitures
n°s 6 et 7 n'arrivèrent pas jusqu'au foyer de l'incendie,
mais le choc qu'elles éprouvèrent fut si terrible que presque tous les voyageurs qui les montaient furent blessés plus
ou moins grièvement. Enfin, M. Carré, l'un des deux con-
ducteurs qui ont échappé à la catastrophe et qui était placé
sur le treizième wagon, fut jeté sur le sable ; il se releva aussitôt et s'empressa d'ouvrir trois ou quatre portières. Mais
déjà le feu avait fait de rapides progrès, et dans cette grande
calamité, il ne se trouva personne qui, prenant la direction
des secours à donner et dominant les autres par sa volonté
et son énergie, pût concentrer tous les efforts sur un point,
et mettre de l'ensemble dans les actes de courage et de dévouement qui restèrent isolés. On s'empressait autour des
blessés, on leur prodiguait des soins, et les premiers wagons
brûlaient toujours, et les malheureux emprisonnés dans ces
fatales caisses ne pouvaient rien attendre des efforts isolés !
Le feu se communiquait rapidement à cet amas de voitures et de chaudières brisées, au milieu duquel se débattaient les malheureuses victimes de cet accident. Les unes
s'échappaient couvertes de sang et fracturées ; d'autres, inon-
dées d'eau bouillante, couraient çà et là comme des insen-
sés, tandis que la plupart périssaient dans les flammes sans
qu'on pût leur porter secours. Lorsqu'on arriva des maisons voisines, de Meudon, l'asphyxie et l'incendie avaient
produit leurs terribles effets ; les infortunés voyageurs des
premiers wagons ne formaient plus que des débris calcinés
qu'on retirait avec des crocs en fer du milieu de l'incendie
dont le reflet rouge se détachait au-dessus des arbres. La
chaleur était tellement intense que les crochets semblaient

se fondre dans les flammes avec les cadavres qu'on cherchait à leur disputer.

Cependant les secours arrivèrent de toutes parts ; le désastre était consommé, la mort avait dévoré toutes les victimes qu'elle avait pu atteindre ; il fallut songer aux blessés. On vit arriver successivement toutes les autorités de Meudon et du Bas-Sèvres, tous les médecins et chirurgiens des communes environnantes ; le château de Meudon fut ouvert aux blessés, ainsi que les maisons de campagne ; le préfet de police se rendit sur les lieux avec vingt médecins de Paris et quelques escadrons de la garde municipale, et tout fut organisé pour que les secours fussent prompts et efficaces ; les populations voisines montrèrent beaucoup de dévouement. Les blessés étaient pansés et enlevés avec tous les ménagements possibles. Des amputations assez nombreuses furent opérées sur place.

Quant aux victimes de la rupture et de l'incendie des wagons, il n'y avait plus de secours à leur porter. Ce fut avec grand'peine qu'on parvint à retirer des cendres et des décombres quarante-deux cadavres, dont sept seulement de femmes, presque entièrement consumés, et sur lesquels trente-quatre étaient méconnaissables. Ces tristes restes furent d'abord amenés dans un wagon au débarcadère de Paris, et on les déposa dans une salle d'attente. En même temps, un bateau à vapeur partait pour aller prendre les brancards et autres objets nécessaires pour le pansement et le transport des blessés. Nous parlerons plus loin des actes de dévouement.

Ainsi se termina cette fatale journée du 8, qui a répandu sur Paris un voile de deuil, et coûté tant de larmes. Un profond sentiment de douleur se répandit dans la capitale à la nouvelle de cette affreuse catastrophe. Chacun tremblait sur le sort d'un parent, d'un ami ; de toutes parts on courait, on s'informait ; c'était une douleur universelle ; aux théâtres, le drame qui venait de se terminer sur le chemin de Versailles occupait le public bien plus que la pièce que l'on représentait devant lui ; il n'y avait ni oreilles pour la musique, ni rires pour Arnal et Levassor.

Le lendemain 9, nouvelles angoisses, nouvelles douleurs. De bonne heure, une foule considérable se porta à la Morgue, où étaient déposés les cadavres encore reconnaissables relevés sur le lieu de l'événement. Le pont et la place Saint-Michel, la rue de la Huchette et tout le quartier environnant étaient remplis de personnes inquiètes sur le sort de quelque parent, ou avides de recueillir quelques détails sur cet horrible désastre. Parmi les sept cadavres de la Morgue, on remarquait celui d'une jeune femme ayant encore les débris d'un bracelet au bras et une chaîne en or.

Au milieu du cimetière du Mont-Parnasse, près d'un moulin au pied duquel on enterrait autrefois les suppliciés, étaient déposés les débris informes de trente-deux cadavres, dont un d'enfant ; tous ces débris sont calcinés. La vue des restes d'une femme grande et jeune causait surtout la plus vive impression : on ne voyait d'elle qu'une cuisse bien entière, un bout de ruban et un gant ; les premières phalanges de ses deux mains étaient jointes, sa tête défigurée était renversée ; il y avait dans sa pose l'expression d'une douleur résignée que la plume ne peut décrire.

Il y a aussi d'horribles spectacles à Bellevue, à Sèvres, à Meudon ; partout on rencontre des malheureux inquiets, hagards, courant de tous côtés, cherchant dans tous les lieux convertis en dépôts, demandant à voir des débris humains, des cadavres, ou seulement des morceaux de robe, des gants, ou quelque autre fragment qui éclaire leurs investigations.

Voici le martyrologe du chemin de fer ; il comprend les noms des victimes, le nombre des morts et celui des blessés :

Morts. **MM.** Georges, mécanicien, Anglais d'origine, brûlé.

Auvielle, conducteur de locomotive, brûlé.

— 13 —

Bᴏɴᴛᴇᴍᴘs, machiniste,   brûlé.
Tɪxɪᴇʀ, chauffeur,   id.
Dᴜᴘɪɴ, machiniste,   id.

Lᴇᴘᴏɴᴛᴏɪs, jeune avocat, l'un des secrétaires de la con-
férence, et qui avait déjà donné, dans ses débuts, de brillantes espérances. Il se trouvait dans un des premiers wagons avec son frère, son cousin, M. Lemarié, et sa jeune
nièce, âgée de quatorze ans. Au moment du choc, cette
jeune personne fut lancée en dehors de la portière, et sans
qu'elle ait pu dire comment ce mouvement s'était opéré,
si ce mouvement avait été le résultat de la commotion, ou
si elle avait été poussée par ses parents, qui, voyant l'im-
minence du danger, avaient voulu la sauver. Tous trois ont
péri, et il n'a pas même été possible de reconnaître leurs
cadavres au milieu des débris recueillis et déposés au cimetière du Montparnasse.

Lᴇᴘᴏɴᴛᴏɪs, frère du précédent.

Lᴇᴍᴀʀɪᴇ́, cousin de M. l'avocat Lepontois.

Dᴜᴍᴏɴᴛ Dᴜʀᴠɪʟʟᴇ, contre-amiral, président de la société
de géographie. Ce célèbre navigateur était avec sa famille
dans un des premiers wagons. Malgré la carbonisation de
son corps, on a pu le reconnaître, et d'ailleurs, on a trouvé
une lettre dans ses vêtements. M. Dumont Durville était
contre-amiral depuis le 31 décembre 1840. Il avait entre-
pris, étant capitaine de vaisseau, deux grands voyages de
découvertes au pôle sud, et il avait couru des dangers
inouïs ; il a publié un ouvrage sur son premier voyage, et
il écrivait en ce moment l'histoire de sa dernière excur-
sion. C'était un brave marin et un savant distingué, et à
ce double titre il emporte les regrets de la France entière,
et particulièrement ceux de la marine et des hommes de la
science.

Dᴜᴍᴏɴᴛ Dᴜʀᴠɪʟʟᴇ (Mᵐᵉ), femme du contre-amiral, née à
Toulon ; elle habitait cette ville pendant les périlleuses ex-
péditions de son mari. Elle s'était livrée à des études sérieuses, et s'occupait beaucoup de botanique.

Dumont Durville, fils du contre-amiral, jeune homme de quatorze ans, plein d'intelligence, très-studieux ; il remporta six prix en une seule année au collége de Toulon, et il donnait les plus belles espérances.

Ces trois personnes ont été brûlées, et l'on n'a retrouvé d'elles que quelques débris.

Aubinière, officier de paix. Il avait été envoyé à Versailles par M. le préfet de police pour veiller au maintien de l'ordre durant la fête ; il se trouvait dans le cinquième wagon, et avait été gravement mutilé. Il est mort le 10.

Guillaud, élève de l'École Polytechnique, né à Bourbon (Isère). Il était sur sur la banquette d'un des wagons, et sauta à terre au moment de l'accident. Il a couru environ cinquante pas, et on pouvait le croire sauvé ; mais après cette course, il s'est arrêté subitement et est tombé mort.

N......, concierge du théâtre des *Folies-Dramatiques*. Il avait accompagné sa nièce à Versailles. Le soir, il ne revint pas, et sa femme pensa qu'il avait couché chez son neveu. Celui-ci, de son côté, s'imaginait que sa femme revenue trop tard, était restée chez son oncle, où elle avait passé la nuit. Mais, lundi matin, à la terrible nouvelle de la catastrophe, quelles ne furent pas leurs inquiétudes ! Elles furent malheureusement bientôt confirmées. Le concierge fut reconnu parmi les victimes dont les restes avaient été apportés au cimetière Mont-Parnasse. Sa nièce a dû être tout à fait carbonisée. La veuve de cet infortuné est mère de cinq enfants, et elle est enceinte.

N....., nièce du concierge des *Folies-Dramatiques*.

Chavardés (Victor), agent d'assurances, de Béziers.

N..... (Madame), qui était en compagnie de Chavardés ; elle était mariée depuis trois mois, elle a été entièrement consumée.

Wurmser (Madame), vingt-six ans, femme d'un marchand de nouveautés de Rouen. Cette dame avait la peau brûlée aux troisième et quatrième degrés, au visage, sur le tronc et les membres, et cependant ses vêtements étaient intacts : elle a dû être brûlée par la vapeur ou par l'eau des chaudières.

N....., marchand liquoriste, rue des Prouvaires. Il avait été déposé à la Morgue, où il a été reconnu.

N..... Ce jeune homme dont nous ignorons le nom était sur l'impériale d'un wagon, et fut lancé dans un champ de vignes rempli d'échalas. Il se traîne, ouvre la porte de la première maison qu'il rencontre ; entre comme un spectre, s'assied sur une chaise et s'écrie : Ah! quel malheur! et il meurt. Il était tombé sur un échalas qui lui avait percé la poitrine.

Griffeuille (Antoine), quarante ans, né en Auvergne, marchand de métaux, rue Charonne, 33. Il était exposé à la Morgue, et a été reconnu par ses deux frères.

Droitecourt, négociant en huiles, rue Mauconseil, 24. Il était aussi à la Morgue et a été reconnu.

Peysselon (Georges), propriétaire, de Lyon. Il était arrivé à Paris depuis peu de jours. Il était à la Morgue, ainsi que sa femme.

Peysselon (Madame), femme du précédent.

Prevost (Remy), quarante-cinq ans, employé aux domaines des hospices.

Mignot (veuve), belle-mère de M. Droitecourt. Elle était parmi les restes déposés au cimetière de Mont-Parnasse.

Sicard, négociant, rue Thibautodé, 15 ; brûlé.

Clement, voyageur de la maison Sicard ; id.

Chevardy, courtier d'assurances, rue Saint-Honoré, 59.

Troupe, rue Croix-des-Petits-Champs, 4 et 6.

Cerullan, employé de préfecture.

Appiau fils, de Bordeaux.

Drionville, dix-huit ans, employé au ministère des finances. C'est le fils d'un ancien sous-préfet de Dieppe, et petit-fils de M. le vicomte de Laître, ancien préfet de l'Eure.

De Kispoter, fils du procureur du roi de Dunkerque.

Morlet (Mademoiselle), de Saint-Quentin. Il paraît que cette demoiselle avait perdu de vue dans la foule les personnes qui l'accompagnaient, et qu'au moment où ses compagnons de voyage suivaient le chemin de la rive droite, elle montait au hasard avec l'une de ses amies dans l'un des premiers wagons du chemin de la rive gauche.

N...... (Madame), femme du fournisseur des gants de l'Opéra. Séparée par la foule de sa famille, le mari prend seul le chemin de la rive droite; au même moment, sa femme et sa fille, désespérant de le rejoindre, prenaient place dans le convoi de la rive gauche.

N...... (Mademoiselle), fille de la précédente.

N....., officier d'infanterie.

N....., élève de l'école Normale.

Guichard (Émile), 22 ans, étudiant en médecine, rue Sainte-Hyacinthe. Il avait été déposé à l'hôpital de la Pitié, où il est mort le 12.

Duranton..... son corps n'a été retrouvé.

Le nombre total des morts que nous indiquons est de quarante-deux, sur lesquels on n'a reconnu que quinze cadavres; il reste à la Morgue, deux cadavres inconnus et au cimetière du Mont-Parnasse vingt-sept; en comprenant les décès survenus à Meudon, Sèvres, etc., on fait monter à cent trente le chiffre total des victimes de la catastrophe du 8 mai. Malheureusement, l'état de quelques blessés inspire des craintes, et l'on verra peut-être ce chiffre s'accroître. La différence qui existe entre le chiffre quarante-deux et celui de cent trente vient des nombreux décès de personnes inconnues et qui n'ont pas laissé de traces après elles, soit parce qu'elles ont été consumées, soit parce que leurs habits ont été brûlés, et qu'elles n'ont pas repris connaissance. Il y a aussi beaucoup de personnes qui ont disparu de leur domicile et qu'on suppose mortes dans ce désastre, Ainsi, indépendamment des faits particuliers que nous avons cités dans le cours de ce récit, nous apprenons diverses autres circonstances que nous allons mentionner.

Parmi les cadavres calcinés, retirés des décombres, on en a reconnu deux aux anneaux d'or qui se trouvaient encore à leurs doigts; c'étaient, dit-on, deux jeunes mariés de la veille, et cependant on ne donne pas leurs noms. Un banquier de Turin, qui était venu passer un mois à Paris, sa femme et sa belle-sœur, n'ont pas reparu à leur domicile. Mademoiselle Félicie de Villevray, qui était allée à Versailles, a également disparu. On cite une famille de la rue de la Poterie, composée de onze personnes, qui aurait péri tout entière. Un négociant de Paris, qui se trouvait dans un wagon avec sa femme et sa fille âgée de quatorze ans, a vu celle-ci tuée sur le coup, tandis que la mère était dévorée par les flammes. Parmi les personnes qui ont disparu sans que leurs corps aient pu être retrouvés, se trouvent, dit-on, plusieurs négociants de Paris et le fils d'un général. La demoiselle de comptoir de l'estaminet-divan du passage Choiseul n'a pas reparu à son domicile; on suppose qu'elle est au nombre des victimes. Les époux Bruno, tailleurs, rue de l'Arbre-Sec, 16, ont disparu depuis dimanche; ils avaient annoncé l'intention d'aller à Versailles. On a constaté beaucoup d'absences dans les hôtels où descendent les étrangers. On dit que le fils d'un juge de Lons-le-Saulnier est mort. Aux Batignolles, quatre personnes n'ont pas reparu. On dit que Madame D'Aure, femme du directeur du manége de la rue Duphot, est morte des suites de l'émotion que lui avait causée la vue de ses enfants et de son mari au milieu des flammes; ces derniers ne sont pas morts. Trois jeunes Grecs, partis dimanche pour Versailles, n'ont pas reparu. D'autres individus, moins connus encore, ont sans doute disparu, et l'on parviendra difficilement à fixer le nombre des décès.

Voici maintenant la liste des blessés :

MM. Pichon (Guill.), étudiant en médecine, 23 ans, né à

Clerwe (frontière de Prusse), demeurant à Paris, rue de la Harpe, 91. Il est déposé à la clinique de l'École de Médecine, et on le considère comme hors de danger. C'est M. le docteur Larrey qui donne ses soins à ce malade.

Appiau, négociant de Bordeaux. Il a eu une jambe cassée ; il était déjà privé d'un bras.

Serrus (Victor-Hyacinthe), 52 ans, greffier de la justice de paix de Toulon. Il est déposé à l'Hôtel-Dieu ; ses jambes et ses bras sont fracturés ; il a une grande brûlure au bas du buste et à la figure. Ce malheureux disait samedi à un de ses compatriotes : « J'irai demain à Versailles, mais je prendrai une voiture, car j'ai bien promis à ma femme de ne pas voyager par le chemin de fer. » On ne sait quelle fatale circonstance l'a entraîné au convoi de cinq heures et demie, car il ne parle pas encore.

Berthemy, fils du général de ce nom. Il a été rapporté chez ses parents avec des blessures que les médecins trouvent sans gravité.

Arnaud (Mme), femme d'un médecin de la rue du Regard. Elle a reçu plusieurs blessures, mais on conserve l'espoir de la sauver.

Appiau fils, rue Saint-André-des-Arts, 61. Il a la figure et le ventre brûlés.

Becker (Mme), 30 ans, belle-sœur de Mme Wurmser de Rouen, qui est morte à l'hospice.

N....., de Bordeaux. Il était arrivé dimanche matin pour se marier. Il a eu une jambe fracturée, et il a subi l'amputation au milieu du tibia.

Bavois, 21 ans. Il est à l'Hôtel-Dieu.

Exer, imprimeur, 42 ans, idem. Il a tout le corps brûlé et donne des inquiétudes.

Exer, née André (Mme), femme du précédent, idem.

Créty, 20 ans, étudiant en droit, idem.

Bouillaud, 21 ans ; il est à l'hospice Necker.

Badoue, 26 ans ; idem.

Lonchet, 65 ans ; idem.

Martin, 26 ans ; idem.

Bignon, cordonnier, rue Notre-Dame-des-Champs, idem.

Vaillant, née Duranton (Mme), 29 ans ; idem. Elle inspire de vives inquiétudes.

Duchesne (D^lle), 20 ans, passementière, rue Saint-Denis, 120.

Duchesne (D^lle), 22 ans, idem, sœur de la précédente.

Laignier, bijoutier, quai de la Mégisserie, 60. Il a la cuisse droite cassée, la figure et tout le corps horriblement brûlés. Il éprouve des souffrances inouïes, et donne de vives inquiétudes. Il n'était marié que depuis trois mois.

Laignier (Mme), femme du précédent. Elle a le ventre, la poitrine, les bras et les jambes fortement brûlés. Elle est dans un état horrible et souffre beaucoup.

Albinet, ancien négociant en couvertures, rue d'Enfer, vieillard de 76 ans, a eu les deux cuisses brisées. Son fils, son petit-fils et la jeune femme de ce dernier, demeurant rue Servandoni, sont très-grièvement blessés.

Toulmouche, agent de change à Nantes. Il était placé à côté de son fils dans la troisième caisse du second wagon, au moment du choc qui brisa cette caisse : le malheureux père fut lancé tout meurtri sur les rails, et quand il put reprendre ses sens, le wagon était enflammé. Il fit un effort pour porter secours à son fils ; mais une main vigoureuse l'arracha à une mort certaine en le traînant dans le contre-fossé, où il resta une seconde fois évanoui. Il fut ensuite placé dans une tapissière et ramené chez son parent, M. Bernard (de Rennes), député. Quoique atteint de blessures graves, on espère le sauver.

Lemaire, employé au Luxembourg. Il a eu les deux cuisses et le corps fortement contusionnés, mais son état n'a rien d'alarmant.

Trois jeunes gens de la maison Chambellan, rue Montmartre, 131, ont été grièvement blessés.

Vignaud (Jules), caissier chez un négociant.

N......, officier d'artillerie à Vincennes. Il revenait d'opérer une inspection d'armes à Versailles, et a eu la jambe cassée. Son état ne donne aucune inquiétude à ses amis.

Aufray, bijoutier, quai de la Mégisserie, 66. Il a eu les jambes et les mains entièrement calcinées, et l'on a peu d'espoir de le sauver.

Aufray (Madame), femme du précédent. Elle est dans un état plus cruel que la mort.

Brioche, négociant de Nantes. Il est peu de victimes qui soient dans un état plus déplorable que le sien ; il ne lui reste absolument que le tronc, et dans cette situation il vit et a gardé sa connaissance ; il a la bouche déchirée par le crochet à l'aide duquel on l'a retiré des flammes.

Collas (Mademoiselle), de Bordeaux. Elle accompagnait la famille Appiau, et a été grièvement blessée.

L......., chef d'une des premières maisons de Batavia. Il se trouvait suspendu par le cou et les bras au milleu des débris des premiers wagons, lorsqu'il fut aperçu dans cette dangereuse position par un jeune homme qui le cherchait au milieu du désastre. Déjà les flammes gagnaient ses jambes, lorsque les efforts de la personne venue à son secours l'arrachèrent au danger. Il a le bras cassé en deux endroits, la peau du cou enlevée, mais ses blessures ne présentent aucun danger, et il se félicite d'en être quitte à si bon marché, en considérant l'effroyable position où il s'est trouvé durant quelque minutes.

N......, propriétaire du musée japonais. Il fut soustrait à la mort par la même personne qui sauva le négociant de Batavia. Il a le visage déchiré et plusieurs blessures douloureuses.

Morlet (Mademoiselle), de Moy. Elle a reçu d'assez graves blessures.

Ducerveau, dix-huit ans. Il est déposé à l'hospice des Enfants malades, et on lui a fait l'amputation du bras gauche. Ce jeune homme était depuis quelque temps en convalescence chez une de ses sœurs, à Versailles. Lorsqu'il se présenta à l'embarcadère, il ne se trouvait plus de places ; mais, impatient de revoir ses parents, qui demeurent à Vaugirard, rue du Haut-Trancée, 19, il insista tellement pour partir, qu'il parvint à traiter avec un autre voyageur, qui lui céda sa place moyennant une gratification.

N....., négociant d'une ville de province. Quand l'accident se déclara, il brisa une vitre de la portière, sortit par cette issue, et dégagea sa femme et sa fille. Non content de les avoir sauvées toutes les deux, et malgré de nombreuses blessures il revint se jeter au milieu du foyer, pour en retirer les malheureux voyageurs que la flamme dévorait ; il parvint ainsi à en sauver dix. Moins heureux lui-même, il n'est pas hors de danger.

De Gaujal, député de l'Aveyron, blessé. Il était dans le deuxième wagon.

De Gaujal (Mme), femme du précédent, id.

Bertrand aîné, neveu de M. Duhamel, membre de l'Académie des sciences. Il a eu la jambe cassée. Il sortait de l'École Polytechnique.

Bertrand, frère du précédent. Il a reçu une blessure à la tête et a la figure brûlée. Il avait remporté au concours général le prix d'honneur de mathématiques.

Au moment de la catastrophe, ces deux jeunes gens parvinrent à sortir du wagon qui les enfermait ; mais l'un était privé de l'usage de la vue, l'autre avait la jambe brisée ; cependant ces deux frères se sont mutuellement secourus : l'aveugle mit sur ses épaules le blessé, celui-ci le guidait, et ils purent ainsi s'éloigner du bûcher enflammé. Il paraissent hors de danger.

Aclocque, élève ingénieur des ponts et chaussées. Il a e la jambe fracturée.

Amy, officier de paix. Il est [dangereusement blessé à la jambe.

Rebel, avocat. Il a reçu une blessure assez grave ; mais son état n'inspire pas de sérieuses inquiétudes.

Calvo, négociant de Marseille. Il se trouvait avec son

frère et son neveu au nombre des voyageurs ; il était dans le deuxième wagon. Au moment du choc, il fut blessé comme tous ses compagnons de voyage, mais voyant son frère évanoui et son neveu couvert de sang, il employa ce qui lui restait de force pour briser la porte du wagon, et il y parvint ; alors il chargea sur ses épaules son frère évanoui, le mit en sûreté et revint sauver son neveu. Il tenait à peine l'enfant dans ses bras que le wagon s'enflamma, et que lui-même tomba sans connaissance. L'état de ces trois personnes est grave, mais n'inspire pas d'inquiétudes.

Calvo, facteur à la halle au blé, frère du précédent.

Calvo, enfant de 8 ans, fils du précédent.

Les deux neveux de M. Roullin, bibliothécaire de l'Insitut, l'un élève de l'école des mines, l'autre élève de l'école normale, ont été grièvement blessés.

Milhau, inspecteur du chemin de fer, qui se trouvait sur la deuxième locomotive, fut renversé par le choc, et a eu une jambe cassée et une épaule démise.

En tout cinquante-cinq personnes plus ou moins grièvement blessées. Les blessures moins graves et les contusions sont innombrables, et sur les sept cents personnes qui faisaient partie du convoi, il n'y en a pas deux cents qui n'aient été plus ou moins blessées.

En outre, il y a des individus qui ont donné des signes de folie, d'autres qui sont muets ou imbéciles.

Cette horrible catastrophe a donné lieu à de beaux actes de dévouement et d'abnégation. Nous regrettons que l'autorité n'ait pas encore fait connaître les détails qu'elle a pu recueillir à ce sujet. Pour notre part, nous allons enregistrer tous les faits qui sont parvenus à notre connaissance.

Ainsi que nous l'avons dit, M. le préfet de police accourut en toute hâte sur les lieux, avec une partie de la garde municipale, pour organiser un service de secours. Il fut secondé activement par la population des environs, par M. le commissaire de police de Meudon, la gendarmerie locale et les

autorités militaires venues de Paris avec les troupes nécessaires pour maintenir l'ordre. MM. les généraux Darriule,
commandant la place de Paris, Guingret, commandant l'É-
cole Militaire, le colonel Perrot, major de la place, se ren-
dirent aussi sur le lieu du désastre, où ils furent rejoints par
le procureur du roi de Versailles, le colonel de la gendarmerie de la Seine, les maires des communes voisines, les com-
missaires de police attachés au chemin de fer ; M. Aman-
ton, commandant du château de Meudon, mit des locaux à la
disposition des blessés.

Tous les propriétaires ou locataires des maisons voisines
offrirent leurs appartements pour recevoir les malheureuses
victimes, et leur prodiguèrent des secours empressés. Dans
la maison de M. Sachera, on a compté jusqu'à vingt blessés.

Officiers, sous-officiers et soldats, tous se sont conduits de
manière à mériter les plus grands éloges. Plusieurs soldats
et gendarmes ont montré un dévouement digne d'un meilleur
sort.

Au nombre des personnnes que le hasard a rendues les té-
moins de l'horrible catastrophe, se trouvait le sieur Gaumont, blanchisseur de gros, à Meudon. Rien n'est au-dessus
du dévouement dont a fait preuve en cette occasion cet ho-
norable citoyen. Il a successivement arraché au feu et enlevé
dans ses bras deux femmes, dont l'une avait ses vêtements
et jusqu'à ses cheveux brûlés, et l'autre, plus grièvement at-
teinte encore, a été déposée par lui, presque mourante, dans
une auberge. Nous avons dit ailleurs les efforts qu'il avait
faits pour arracher d'autres victimes à la mort.

Le conducteur Carré, après avoir ouvert quelques portières, s'est dirigée vers la cinquième voiture, qui était brisée ; aidé par un gendarme et par un employé du chemin de
fer, nommé Tissier, il a pu dégager, à travers les crevasses
produites par le choc, un homme, qui a sauvé sa femme de
la même manière. Carré a ensuite aidé l'autre conducteur
survivant à décrocher la septième voiture. Aidés par une dou-
zaïne de personnes, ils ont, à force de bras, repoussé les
wagons pour les éloigner du feu.

Thévenot, compositeur en imprimerie, ancien militaire,
ayant servi en Afrique, se trouvait placé dans le premier
wagon découvert qui attenait à la locomotive ; au premier
craquement, il a pu s'élancer avec rapidité sur un talus qui
bordait le chemin ; il revint aussitôt près du même wagon,
d'où il arracha M. Bernard Deroche au moment où les wagons s'accumulaient les uns sur les autres. Avant que l'incendie se déclarât, il avait déjà sauvé aussi trois autres personnes, et un quart d'heure après, lorsque le feu commença

à envahir les voitures, ce nouveau danger ne fit qu'accroître son courage. On l'a vu, placé sur une des locomotives, soustraire aux flammes qui atteignaient le bas des wagons brisés, une femme et un vieillard qui se débattaient en vain ; puis faire de nouveaux efforts pour dégager d'autres malheureux qui allaient devenir victimes de l'incendie, jusqu'à ce que les progrès du feu fussent tels qu'il lui fallut abandonner aux flammes une autre femme, qu'au péril de sa vie il essayait en vain, depuis plusieurs minutes, d'arracher à la mort.

Mlles Collas et Duchênois doivent leur salut aux courageux efforts de M. Sylvain Pallier, ouvrier mâçon, aidé par les gendarmes de la brigade de Meudon. Ils attachèrent une carabine à une longue perche, et à l'aide de ce soutien ils sauvèrent plusieurs personnes que les flammes commençaient à atteindre.

On cite MM. Thévenot et Macaire, l'un balayeur et l'autre frotteur au château, qui, pendant toute la nuit, secouraient les blessés qu'ils avaient retirés des flammes.

Le serrurier Simer s'est jeté au milieu des flammes, et parvenu à rompre les chaînes qui attachaient les wagons les uns aux autres, il facilita leur éloignemeut du foyer de l'incendie.

M. Priard, brigadier de gendarmerie, à Meudon, a sauvé M. le député Gaujal et sa femme. Il a rendu une multitude d'autres services ; il a notamment le premier porté secours au malheureux convoi, délivré des flammes nombre de voyageurs, pris l'initiative pour organiser les moyens de salut et énergiquement participé à leur action tant qu'ils ont pu, servir.

Tels sont, avec les faits isolés que nous avons rapportés dans le cours de ce récit, les actes de dévouement que nous pouvons signaler.

Cette grande et cruelle leçon était peut-être dans les vues cachées de la Providence, devant laquelle nous devons nous humilier. Elle servira du moins à éviter à l'avenir de semblables désastres.